JN411273

앉은뱅이꽃

국립중앙도서관 출판예정도서목록(CIP)

앉은뱅이꽃 : 최동옥 시집 / 지은이: 최동옥.
— 대전 : 심지, 2017 p. ; cm. — (심지시선 ; 034)

경남문화예술진흥원으로부터 발간비 일부를 지원 받았음
ISBN 978-89-6627-142-9 03810 : ₩8000

한국 현대시[韓國現代詩]

811.7-KDC6
895.715-DDC23 CIP2017024053

심지시선 034

앉은뱅이꽃

2017년 9월 23일 초판 1쇄 발행

지은이 최동옥
펴낸이 윤영진
편 집 함순례
디자인 한천규
펴낸곳 도서출판 심지
등록 제253호
주소 34623 대전광역시 동구 대전로 867번길 46
전화 042 635 9942
팩스 042 635 9941
전자우편 simji42@hanmail.net

ISBN 978-89-6627-142-9 03810

* 이 책은 경남문화예술진흥원으로부터 발간비 일부를 지원 받았습니다.

심지시선 034

앉은뱅이꽃

최동옥 시집

심지

□ 시인의 말

항상 시보다 생활이 우선이었다.

나아질 기미가 보이기는커녕 더욱 어려워지고 힘들기만 한 세상, 그럴 때마다 조금씩 써온 문장이 내 인생에 한줄기 희망이란 사실을 알았다.

산과 가까이 있는 섬진강, 아침이슬에 젖은 풀잎도 햇살을 기다린다. 바람에 춤을 추며 설움처럼 일렁이는 물살을 바라보면 가끔 외롭고 슬프고 울적해졌다.

이제 겨우 섬진강 풍경과 평사리 소나무 그늘의 넉넉함, 그리고 문학을 조금 알아가는데 시집을 내자니 걱정이 앞선다.

빈손이 시리다.

혼자 힘으로는 벅찬 일이지만 최영욱 관장님과 글벗들의 격려에 용기를 내어 첫 집을 짓는다.

2017년 가을

최동옥

차례

제2부 새참국수

제3부 그 여름 풍경

제4부 무당개구리

제1부
앉은뱅이꽃

내 여자는

그는 젖빛으로 아련하게
텃밭에 뿌리 내리고 사는 묵은 더덕
넝쿨처럼 언제나 감싸고 있다

그 속에서 출렁이는 건 내 안에
또 다른 나의 깊이
젖은 땅에 눌러앉아 함께 흔들리며
일생을 살아가는

그 넝쿨 따라
내 안에 가진 모든 것 그대로 그 모습으로
바닷가 푸른 물결 바라보듯
순하게 만드는 그 사람

앉은뱅이꽃

언제나 한결같은 당신 무슨 복을 타고 나서
내 가난한 염전 한켠에서 그물에 걸려든
꽃게처럼
빨간 다라이 먼 바다에 띄워놓고
푸르디푸른 시간을 까고 있을까

쓰라린 눈과 시큰한 마음, 물기서린 어깨
속눈물 삼키는 손끝에서
사각사각 쪼개지는 매실 낱알들
당신의 손 마디마디와 무릎관절과 조금씩 무너지는
마음까지도 얼마나 시게 타들어갔을까

빈 가슴 힘겹게 끌어안은 앉은뱅이 꽃처럼
꼼짝하지 않는 당신, 빚진 가난을 조각조각 내듯
매실을 쪼개는 빛 같은 손놀림에서
오늘도 꽃이 피고 있다

앉은뱅이 그 꽃

내 곁의 꽃

세상 따라 닳아진 호미처럼 보여도
부지런히 생의 바퀴 굴리며
때로는 조금씩 늙어가면서
마당에 심어놓은 채소밭 잡초에 뒤엉켜

진한 땀 냄새 속내를 털어놓으며
때맞춰 애 만들고 잘 키우기가 어디 쉬운가
세상에 나가 사는 딸애도 손을 놓고
엄마를 부르며 달려오기가 어디 쉬운가

다 풀어내지 못하고 산다는 것은
어금니 지그시 물며 가진 것 다 내주고서
내 곁에 꽃
그 빛깔 그 향내 떠올리며
죽는 날까지
분주하게 생을 살아가는 것이다

향교길 시편 2

계절은 다시 추분
낮과 밤 사이 시간의 주름이 긴 햇살에
겨울을 위한 배추가 자라고 있는 밭
아직도 지독한 여름의 끝이 머물고 있다

온종일 숨찬 뙤약볕이 머물고 있는 밭이랑에는
초록 뱀처럼
흐물흐물 몸을 식히던 무잎 늘어진 고랑
한줄기 바람이 뒤척인다

풋밤 떨어지는 노을에
강바람 스며드는 저녁
배추밭 귀퉁이 나팔꽃 천천히 제 몸을 닫아
가을로 가는 길을 열고 있다

향교길 시편 3

가을 향기 엉기어 허공에서 흩어지는 빛
아침부터 앞마당 미루나무 꼭대기
까치는 사철나무 담장을 따라 피어있는
꽃문을 향해
언덕동네를 뒤흔드는 반가운 소리를 내며
산 쪽으로 급히 사라지는데

걸레질하던 아내는
집에 온다는 딸 소식에
바쁜 일 나 몰라라 빨래 늘어진 그 배경으로
허름한 산동네 우리 집
헛웃음도 내어보는데

가을햇살이 눈부시게 맑았다

사라지지 않는 마음

아내와 딸 앞세워 찾은 코스모스메밀꽃 축제
들판은 온통 꽃천지
박넝쿨 아래 호젓하게 걷다가
아내가 내 손을 잡는데
구겨진 들꽃 같은 손마디 거친 주름이
먼저 잡힌다

나는 당신 없어도 살 수 있지만
우리 딸은 아직 아빠라는 존재가 꼭 필요해!
그러니 술 좀 그만 마시고 내 말 좀 들어요, 제발

스스로 딱한 노릇이라 생각하며
한숨 내쉬다가도 또 들게 되는 술잔
이러니 틈만 나면 아옹다옹
조그만 방에 마주앉아 잔소리 해대는 아내
내일을 위한 매운 마음이리라

눈 내리는 밤

겨울바람 사이로
난로 위에 군밤과 고구마 냄새
딸과 아내의 대화 속에
향수처럼 피어나는 흐릿한 단칸방 추억
타들어가는 연탄구멍을 세며
다시 올 것 같지 않는 따뜻한 날을
겨우내 생각하고 잊혀질 때쯤
늦은 밤 눈을 밟다 들어오던 아버지
머리를 쓰다듬어 주시며
풀빵 한 봉지 "동생하고 나누어 먹어라"
나도 오늘 딸아이와
연탄난로 사이에 두고 정다운 이야기로
연탄이 하얗게 타들어가도록
어린 시절의 그 눈을 밟으며
겨울을 이야기합니다

딸이 왔다

빨래집게가 잡아두지 못한
늘어난 체육복이며 청바지
알록달록한 팬티며 브래지어
양말이며 스타킹이며
까르르 까르르 쏟아지는
웃음이며 수다며 죄다 입에 물고
일렬종대로 늘어서서 건들건들
가을하늘을 건너가는
우리 집 마당이 눈부시다

외동딸

휴가차 오랜만에 집에 온다 허네요
어려서 유학하면서 배구 한다고 힘들 턴디
열심히 하더니만 낼모레 일본에
시합 나간다네요, 우리 딸이
청소년 국가대표로 선발되어 처음 외국에 나갑니다
나는 자랑을 안 헐라고 했는디
갑자기 세상 열심히 살고 싶어지네요
가난한 살림에 맛있는 것
제대로 해주질 못했는데 마음이 쓰려오네요
몸보신 해줄 겸 알 한번 안 낳은 닭 한 마리 털을 뽑았습니다
볼 때마다 안쓰럽고 부모 노릇 제대루 못해
항상 미안한 마음이지만 씨암탉 삶아
딸에게 먹이려고 허는디
하필 그때 여러 사람 왔다갔다 허는 바람에
한쪽 다리 물 건너가고 날개 하나 손님 안주로 넘기고

되레 우리 부부 위로하며 잘 먹어주네요
참으로 딸년 하나 잘 두었다 싶더라고요
먹는 것만 봐도 배가 부른 나는
희뿌연 국물에 마시는 소주 한잔 뿌듯하네요
이틀 후엔 인천공항이라고 비행기 탄다고
엄마 아빠 너무 걱정 말라고
오히려 우리를 위로하네요
집사람은 찔끔거림서도 애써 눈물 감추려는데
옆에 있던 전기밥솥에서 갑자기 김이 풀풀 나네요

천왕봉을 품은 내 딸*

해발 1,915m 천왕봉을 품은 내 딸
팀 이적하고 처음으로 오른 산
스마트폰으로 사진 보내왔다

백무동 계곡을 헤치고 오르는 길
아름드리 참나무가 길을 막고 있어도
한발 한발 무거운 다리 내딛으며
팀 문화가 다른 선수들 속
새로운 조화를 배우며 힘차게 올랐을 것이다

비선담 가파른 바윗덩일 올랐을 것이며
해보자는 열정과 순수한 마음으로
개척해온 걸음이 때로는 괴롭고 힘들어
칠선계곡 폭포 같은 서러운
눈물도 새어나왔을 것이다

험난한 산세 넘어 천왕봉에 올라
등줄기 흐른 땀 한줄기 바람 맞으며
발아래 낮게 깔린 구름
천년 고사목과 야생화를 보면서

하늘 아래 푸른 산능성이 산경에 기대어
산과 구름에게 묻고 물어
스스로
최고 선수가 되리라 다짐했을 것이다

* 2010년 IBK기업은행 프로배구단에 입단, 2016년 트레이드 되어 한국도로공사 프로배구단으로 이적해 활동중이다.

호떡 굽는 남자

리어카 안 좁은 공간
오늘도 변함없이 밀가루 반죽하며
호떡 굽는 당신
노릇한 호떡을 뒤집는 당신을
나는 모릅니다 어떻게 살아왔으며
앞으로 어떻게 살아갈지 모릅니다
그런데 나는 당신을 좋아합니다
열심히 살아가는 모습이 보기 좋아
이렇게 먼발치에서 바라보고 있습니다
사람은 자신의 삶을
자기 노력 이상으로 높일 수 없고
열심히 살아가는 사람이
그 이하의 삶을 사는 일도 없습니다
누구나 노력하는 만큼씩의 기쁨을 얻고
열매 맺습니다 추운 날 호떡 굽는 당신은
사랑하는 사람을 위해

눈물 속에 피는 꽃
모든 이로부터 사랑받고 있습니다
열심히 사는 모습이 좋아
당신이 구워낸 호떡 한 봉지 삽니다

지리산 사슴처럼

봄 안개 골짜기 아래 짙게 깔리고
너른 바위 능선 따라 녹차 새잎이 돋아나면
차나무 사이 그 작은 찻잎 헤아려
가지에 긁히고 뿌리에 채이면서
험한 산 오르내리다 바위에 올라 땀을 식힌다
큰 덩치에 일밖에 모르는 아내
외동딸이 운동선수로 자릴 잡았어도
맥없이 의지할 수 없는 노릇이라
여의치 않는 시골살이
묵은 김치짠지 도시락 싸들고
묵묵히 여린 녹차 새순을 딴다
차보다 타는 눈빛으로
한 잎 한 잎 녹찻잎 따는
아내의 눈빛은 사슴을 닮았다

둥지

장닭이 홰를 치는 아침
암탉이 투정 부리며
두 발로 바닥을 긁어댄다

새 왕겨를 깔아 눅눅한 아침이 바뀌자
암탉이 둥지를 만들며 앉는 것 같아
마른 짚을 뉘어서 깔아 주었더니
가슴 털로 그곳을
더 푸근하게 만들어 놓고
알을 낳는 소리가 들렸다

갓 낳은 알을 들고
아직 빠져나가지 못한 몽실한 온기
그 따스한 느낌에
여인의 품속을 떠올리는 것은
봉긋한 젖가슴을 쥔 것 같아 좀 야릇한 일이다

상실

육십도 안 된 형
저승으로 보내고 돌아오는 길은
나를 책망하며 어김없이 눈물이다
힘든 병원생활에도 오랜만에 온 동생에게
구름 한 점 없는 하늘마냥 속 깊은 정으로
먼저 걱정하던 형
그렁그렁 달라붙은 어린 시절 추억까지도
화장터 승화원에 질긴 탯줄을 끌고 들어가는
불꽃 속 한줌의 재
유리벽 너머 화구 불빛만 바라보다
갈기갈기 찢긴 마음
가난을 움켜잡은 손가락 파르르 떨린다
견디어온 세월 한줌의 재로 돌아간
작은 봉분 위에 심어준 목백일홍
가지마다 어리는 소리, 무심타 하지 마라
반짝이는 눈물이 보인다

하얀 고무신

술 냄새 풍기는 아버지 등짝
매번 나를 업고 밤길을 걸어가느라
젖은 옷이 달라붙었다
귓전에는 바람소리처럼 들리는
아버지의 목소리
그때마다 아랫목에 나를 재우며
별빛 쏟아지는
내 머리를 쓰다듬어주셨다
어둠 속 길을 걸을 때마다
나를 업어준 아버지 하얀 고무신
축축한 아침 이슬이 맺혀있는 것
나는 철모르게 바라보고 있었다

갈 담장

운암댐 넘어 흘러온 강물이
유년시절 수초 줄기로 엮어두고
천 담 넘어 봄꽃 향기로

그리운 아버지 품어있나 살폈더니
갈 담장 어린 추억
살며시 불러와

나는 그렇게 어린 시절을 헤엄쳐 나왔으니
당신을 기다리고 있었노라고

나의 눈물이 당신인 것을
양손으로 건네주시던
국수 한 그릇의 기억
짭조름한 양념 종지에 남는다

기다림

아무도 찾아오지 않고
누구도 그립지 않은 날
대숲 앞에 하늘은 물먹은 솜 마냥
조금씩 구름을 덮어간다
그렇게 많은 일을 하고도 뒤란 샘물에
땀에 절은 몸을 담그고도 외로울 때가 있을까마는
그래도 노모는 외로웠을 것이다
밭일을 할 수 없는 날이면
혼자 쌀을 안치고 마루에 누워 마당가 꽃을 보며
내 자식들 건강하게 해달라고
문지방 위에 낡은 액자
막내아들 얼굴을 바라보는 그런 날
깜빡 졸다보면 울타리 밖에선
댓잎 스치는 소리 같은 빗줄기가
노모를 깨운다

귀로

가을에 여문 호박을 보면
이 땅의 계절 완성되는 것이라
다시 못 올 것을 보고 있는 것 같다

겨울 앞둔 산골 마을
암탉들 뛰놀던 부엌 문턱
고양이 가을 햇살에 졸고

서리가 내리던 마당 끝 감나무
시린 상처로 떨어진
붉은 빛깔마저 내 것이 아님을 알 때

투박하게 주름진 껍데기 속을
놋숟가락으로 긁어내는
노모의 손길만 바쁘다

문상객

가을비 온 뒤 은행나무 꼭대기까지
노랑물이 꽉 들어차 있다
낙엽이 젖어있는 시멘트 바닥에
들고양이에게 물려죽은 병아리 주검 몇
집 마당에 옮겨 놓았다
집을 지키던 강아지도 놀라
주인과 상의도 없이 나가버렸다
내 가슴을 쓰윽 긋는 무딘 칼날
제 새끼 죽은 줄 모르고
모이를 쫓고 있는 어미닭
장례절차를 상의할 눈치도 아니다
계절을 가리지 않는 해와 달이 뜨고
산다는 게 얼마나 좋은 일이냐고
흰구름만 오가는 하늘 까마귀소리에
고통도 기쁨도 없었으니
빈 소주병 주둥이처럼 싸늘하다

제2부
새참국수

겨울에 핀 사람 꽃

가장 추운 새벽 5시, 밤새 쪽방에서 떨며
잠을 자던 사람들 여기저기서 튀어나와
아직 온기가 있는 연탄불 앞으로 모여든다
삶을 채무로 잡힌 세파에 떠밀려
인력 사무소에 나오는 사람들 위해
연탄 한 장 놓고 사라지는 그림자
빈 밥그릇 같은 적막을 느끼며
일감 끊기고 몸도 성치 못한 그들
표나지 않게 자존심 다치지 않게
잔기침에 반쯤 탄 연탄 한 장 놓아두고
어둠 속으로 사라지는 물음표 그림자
세상의 다른 쪽 겨울
아직은 희망이 남아있는 불빛이 되어
넘어지면 일으켜 세워주는 사람 꽃을 보았다

장날 2

봄볕에 웅크린 노인들 앞에는
두메산골서 캔 나물들
시골장터에 모두 돋아난 새싹이다

감자 싹 생강 싹 더덕 순
텃밭에서 뜯어온 상추 잎
이제나저제나 뒤척이고 있다

해마다 봄이 와야 되살아나는
돌미나리와 달래 상큼한 맛이
아련히 떠오른다

새 주인을 기다리며 잠자듯 조용한
씨암탉 옆 고양이는 어슬렁거리고
봄볕에 졸고 있는 할머니

펑, 튀밥 튀는 소리에 깜짝 놀라
새봄에 나물이 있소—
행인들만 오가는 장날
표정만은 나비처럼 팔랑팔랑 지나간다

장날 4

새벽을 묶어놓고 아침을 기다려
선지 가득한 가마솥에 장국밥 퍼올린다
열아홉 큰애기 때부터 시작해
예순을 훌쩍 넘긴 할매 국밥집
이름이 없으니 간판도 필요 없고
장터라 거추장스러운 문짝도 없다
허기진 장꾼들 먹던 숟가락 내려놓고
손님 놓칠세라 흥정을 붙인다
반나절도 못돼 세 마리 이만 원에서
두 마리에 만 원으로 값이 떨어지고
흥정은 늘 손님이 이기는 것으로 끝나기 마련
광주리에 담겨 펼쳐진 해물 좌판
등이 휘도록 바지락 까고 있는
굵고도 쪼글쪼글한 손마디는
매운 인생살이 뿌리 감추고
허허로이 웃는다

봄밤

벚꽃 날리는 강변
이 봄을 버릴 수가 없으니
꽃잎도 아파라

모래밭 어둠에
벗어놓은 발자국 따라
시인을 꿈꾸었으나

꼬리까지 태우는 별똥별이 떨어진다

새참국수

자운영 어지러운
풀냄새
흙 위에 솟아나온 뿌리까지
다 사라지도록

바짓가랑이 걷어 올린 농부는
엉망진창으로 논흙 갈아엎어
논물을 대고 있습니다

농부의 아내는 논바닥 고인 물로
국수를 삶아
한 그릇 새참으로 담았습니다

흙으로 부르튼 농부의 손은
젓가락으로 휘젓듯 후루룩 후루룩
햇살에 소나기 소리를 내며

그렇게 가문 논에 물들어가듯
허기를 채웁니다

재래시장

재래시장 앞 대형마트
소형차 경품 추첨에 사람들이 몰려가고
장날에도 발길 뜸한 오래된 시장골목

열합 사이소—
우럭조개 사이소—

좌판을 벌려놓고
바지락 홍합을 까서 파는 할머니
손님 부르는 소리에 힘이 없다

손바닥만 한 나무좌판 하나에
자식들 키워 내보내고
얼마 전 영감까지 먼저 보낸 할머니

깡통 불에 아무리 손을 쬐어도

오그라든 손은 녹을 줄 모르고
밥이 되지 않은 세월을 생쌀처럼 씹으며
시든 조갯살 속으로 언 발을 뻗는다

삼화실 이야기

산굽이 넘어가는 길
냇가 갈대가 마음을 재촉하는 듯
휘감아 도는 물길 따라가면
아무도 오지 않는 도장골 빈집 앞
하루 두 번 오는 시골버스를 기다려
마당에 엎드린 강아지 우는 소리에
경적 울리며 지나간다
마음 분주한 농부들은 가을을 저장하고
늙은 부부는 머리를 맞대고 콩 껍질 나누며
반짝 뜨거워진 가을볕에 널어 말리는 홍고추는
해 그림자 따라 돌려 옮기고 뒤집어준다
조금씩 단념하며 돌담장 더듬어 살다보면
이제 곧 찬 서리 내리고 드센 북풍이 휘감을 때
적막한 시간을 보내야 한다
그 세월을 견디려면
스텐 그릇에 담긴 커피 투박한 손에 들고

댓돌 위 털 고무신처럼
벙어리 되어 입을 다물어야 한다

늙은 암캐 이야기

한옥 너른 마당 한켠
늙은 암캐 한 마리
구부정한 허리 깊게 패인 짠한 모습
온몸을 세월에 맡겼습니다
여섯 새끼 오줌 똥 치다꺼리에
애처로이 축 처진 배 깔고
할퀴고 싸우는 그 사이에 누운 어미 개
새끼들에게 젖 물리는 한여름
햇살은 비수 감기는 눈은 천근
시간의 온갖 시름 긴 더위와 싸우며
여름 옥수수 꽃이 다 지도록
한다하는 시인들을 반기고 헤어지다
시혼 한 자락으로 제 머리통 제 흔드는
평사리 문인집필실 마당에 사리라는
이름의 늙은 백구 그 야윈 개
앞마당 바위 아래 모른 채 있었습니다

빈 달구지

도시의 거리를 지나
노동으로 병든 사내
오늘도 보나마나 허탕일 인력 '데모도' 손은
대나무속처럼 뼛속까지 비었다
지하막장처럼 막다른 길로 몰아넣어도
항복할 수가 없다
날품으로 목구멍에 풀칠하고
하루하루 끝까지 기어올라
바퀴를 돌린다
고단한 하루
노을처럼 타고 있는 속을
몇 잔의 소주와 라면 한 봉지로
끌고 가는 빈 달구지
삐거덕 덜컹대는 설움을 묻고
일용직 낮은 자리에서
숨소리 가쁘다

봄비

안개 속에 두 손을 넣고
계절의 흐름을 아는 것도

창문을 열고 밖을 바라보면
하품하는 그놈 장화가 질척이며
봄비 내리는데

저 건너편
앙상한 나뭇가지 위에
새 한 마리 외로이 앉아

봄을 노래하는 일 이렇게
서러울 줄이야
이제 남은 것은

물고기처럼 벗어나지 못해

나도 새처럼 운다는 것이다

통증

나이 들어 일손을 놓고 어둠이 들면
아픔이 핥고 지나 우는 새처럼 또 들쑤신다
불에 달군 돌을 쥔 듯한 통증
한 마리 새가 욱신거리며 드나들고 있다

통증은 형상을 뚫고 생각들을 허물고
단단히 박혀서 누운 채로 선 나는
자다가 깨어나 내 허물에서
더 깊은 잠속으로 향할 건가 궁리하다
해탈로 내리꽂히는 빛의 고통으로
본능처럼 육신을 의심한다

모든 침묵을 깬 통증의 한 점을
결단하듯 숨기는
나는 환자이기에 완치를 거부하며
날마다 살아가고 있다

누렁소

"오늘이 마지막 잠이다 많이 먹어라"
말린 짚을 구시통에 드밀며
똥 딱지 붙어있는 궁둥이 긁어낸다
도시로 간 아들놈 전화소리에
외양간을 물끄러미 보노라면
누렁소 종소리 내며 꼬리를 흔들고 있다
새벽부터 투덜거리며
쥐어짜는 눈물 보이는 할멈 달랠 겨를도 없이
외양간 새끼 송아지 절규를 내버려두고
콧등이 시큰한 영감은 소를 몰고 나간다
워낭소리 날이 새는 마을길
찔레꽃은 새벽공기를 앞지른다
허공을 보며 한숨짓는 우시장 가는 신작로길
상념들이 하나둘 골 깊은 이랑을 세우는데
미루나무 이파리들이 파르르 떤다

검은 땅을 적시다

남편을 잃은 탄광
탄가루 날리는 폐석장

거친 숨소리로
석탄을 가려내는 여인의
눈빛

팽팽하게 녹슨 철로 위로
불꽃보다 매서운 청춘 사르고

묵은 때가 낀 밥상에서
한 숟가락 밥을 넘기기 위해

토악질을 하던 광부는
지금도 쿨럭이며

뼈를 끊어내듯
여인의 심장 깊숙이
젖어든다

제3부
그 여름 풍경

능소화

뜨거운 여름
평사리 상평마을 언저리
최참판댁 별당을 찾으니

황토 담장에 능소화
바깥마당을 넘어 하늘까지 흘러넘치듯
너울너울 구름처럼 피어 감기고 있다

소설 『토지』에 감겨진 사연들이
계절을 맴돌아
피고 지는 무늬

더욱 붉은 꽃송이 가지 끝에서
우아하게 처연하게 툭,
못다한 말들로 양반 꽃
하늘로 넌출 솟아 있다

외로움

여기는 두메산골
비 맞는 산봉우리 보면서

나도 모를 눈물이 나올 것 같은 날
자장면 배달이 안 되는 곳
그게 그렇게 서러웠다

한 그릇 사 먹으려고
몇 시간마다 오는 버스를 타고
다시 몇 시간 기다려 집으로 오던 날

재 넘는 자갈길 도라지꽃 홀로 피어
깊은 골짜기 산뻐꾸기가 울고

흙벽 집 밥 짓는 연기 피어올라
내 눈이 금세 매워진다

미조항에서

낙엽 흩어지는 해안길을 달려
푸른 파도 넘실대는 미조항에 간다
상록수림을 지나 바닷가 횟집
햇빛을 가리고 서 있는 팽팽한 파라솔
수족관이 늘어서 있는 항구의 풍경
햇살 바람 바다 하늘은 하나가 된다
미조항구에서는 볼수록 자꾸 넓어지는
세상을 바라볼 수 있다
갈매기 우는 선창가 파도가 부딪히는 소리
이방인 시선은 아랑곳 하지 않고
배를 타고 내리는 어부들 모습
활기를 찾는 생의 충동이 갑판위에
활어들 팔딱거리는 싱싱함으로 넘치고
비릿한 냄새와 사람들 부르는 흥정소리
웃음소리가 가득 퍼진다

그 여름 풍경

누런 어미 소와 송아지가
강가에서 풀을 뜯고 있다

소 꼴 베러가던 아이들
용소보 냇가에서 멱 감던
까막까치처럼 하늘을 향해
펄쩍 뛰어오른다

두 손을 하늘 높이 펼쳐
솔바람을 따다가 첨벙!
물소리가 튀어오른다

꼴망태 위로 검은 물잠자리
살랑거리는 무더운 여름
시원한 나무그늘 아래 추억
아련하게 살아나는 오후

고추

들깨 콩들이 빼곡한 텃밭에 섰다

처마 끝 풍경소리 들으며
자라는 울타리 호박꽃 환한 마당가

흙을 북돋는 호미질마다
싱싱하게 뻗는 율동

뙤약볕 붉은 높낮이음표
수놓던 푸른 고추들이

물기마른 가을 열매를 더듬는
손을 보리라, 툭 쳐서 혼자 웃었다

화개 삼홍도

화개동천으로 오시게
단풍으로
기다리고 있을 터이니

세이암에 귀를 씻고
삼홍으로 풍경 한 장
그림으로 남기고 싶다면

늦가을 마지막 생에
작은 바람에도
불꽃을 품어내기 위해

떡갈나무 고로쇠
단풍 낙화에 마음을 씻고 싶다면
지리산으로 오시게

문암송

봄날 꽃향기는 천리를 가고
詩 書 畵 唱 능한
문암송 양팔 벌린 자태는
천만 번 벼락에도 살아남아
청청하구나
바위틈을 꿰뚫어
푸른빛 돌이끼 포근히 감싸 안고
돌아서면 그리운
여인 속눈썹만 같구나

겨울 문수리

지리산 문수리 골짝
대숲에 쌓이는 눈바람소리
공간을 채운다.

식어빠진 동지팥죽으로
남은 일년을 채우고

오랜만에 밤 깊도록
속맘 털어놓던 이야기도
싸락눈처럼 흩어지고

새벽 아궁이에서
타닥타닥
잔솔가지 타는 소리만 들린다

초록

맑은 물 돌아가는 산골
하고초 그림자도 함께 모이는 이곳
가슴 따뜻한 사람 있다

보라로 꽃핀 그늘 아래
다정히 웃는 얼굴
수줍은데 푸른 산과 마주앉아

뻐꾸기 울음 낭자한
그대의 휴식이 된 바로 그 자리에
모로 굽은 능선 능선을 따라
햇빛도 휘어지게 함박웃음이 피어나고

가슴 서늘한 냉차 한잔에
향기로운 마음 더욱 향기롭게 부풀어
그 눈부심이 내 것인 양 맑게 설렌다

막걸리

고방채 큰 항아리 옆
다소곳이 다가와 큰 대접에
막걸리 따라주던 처자를 본다
자주고름 입에 물고 신고산
타령조로 세월을 지키는
얌전한 오지항아리들
항아리 위에 우물 정 자로 겅그레 걸치고
체로 거른 뿌옇고 텁텁한 막걸리
쓴맛 단맛 신맛 떫은맛
휘감겨 오르는 술을 빚는 육재가
맛의 향으로 축지(縮地)
억만년의 세월이 몽롱하다

벼꽃

아랫도리 무논에 빠진 농부
바람 따라 몸 눕히니
파도처럼
벼가 일렁인다

여름 햇살 당찬 뜨거움이
초록 벼이삭 속에 스며
티끌같이 돋아나는 하얀 꽃

그 꽃으로 환하게 피어나는
늙은 농부 땀방울
온 세상 배부르기를
들판마다 생명 물결 푸릇하다

도라지꽃

꽃보다 보랏빛 환한 별 모양에
첫눈에 반해버린 개미가
춤을 추기 시작한다

신랑방에 불 켜라
각시방에 불 켜라
꽃잎 안에 숨어 두리번거리면

수줍은 듯 물들며
분홍빛으로 불 켜는 도라지꽃
개미 둥지를 감춰버린다

닭서리

초가지붕 시래기 엮 또래들 만나
후환이 없을 집 아들 먼저 포섭하고
서리한 닭 삶아 먹던 시절

닭장 자물쇠는 굵은 철사 돌돌 말아 질러놓은 게 전부
인기척에 왈왈대는 똥개 인사도 없이
그 집 아들 먼저 들여보냈지

난리법석 닭이 놀라 산통 깨지면 안 되니까
양손으로 날갯죽지 감싸 쥔다
들키지 않아야 죄가 안 되는 닭서리

등잔불 아래 짚신 삼던 사랑방
또 다른 추억을 엮으며
눈 쌓여 빨랫줄 늘어진 한겨울 밤참으로
옛이야기 겨울밤 더러 생각이 난다

노랑꽃

봄이 어리는 햇살이었을까
공원길을 걷다
산복도로 벽화를 봤다

작가의 그 손길
길가에 핀 작은 풀꽃 따라
계단을 올라가는 것뿐인데

노랑 물을 뒤집어쓴 개나리가
꽃망울이 옹알이는 자장가처럼
웃음으로 길 터주는 봄

봄소풍을 가는 아이들
조잘조잘 이야기 나누며
그 뒤를 따라오는 풍경

옛날에 내가 그랬던 것처럼
아이가 뛰놀며
하늘을 담는다

서리꽃

살과 피를 말려
메말라
바삭거리는
나뭇잎에
아스라이 피는 꽃

햇살에
부서지는
저
육각의 꽃

목숨 다할 때
아롱지는
저 눈물의 꽃

겨울이 오고 있다

칠보정사

소나무산 겹겹으로 호흡하고
산 능선은 신비한 예감으로 팽창하며
산새도 불경을 외는 구재봉 아래
지는 가을해는 명산대천의 기운으로
칠보정사 앞마당으로 내려앉으면
목어의 지느러미 파닥이며 목탁 소리 물을 내고
지류를 담은 도장골 저수지는
별으로도 줄지 않고 흔들리지 않는
혜안의 빛으로 모두 두고 가는 물처럼
잔잔한 수면 그렇게 흐르리

섬진강의 봄

열차 울리는 기적소리에
동이 트는 섬진강
그 햇살 변치 않듯
적어도 이 겨울 차가운 강물이듯
봄을 노래하는 저 새
매화 향기가
얼었던 섬진강을 녹이고
가슴까지 일렁이는 강물
기다려온 재첩을 일러내고
이제는 은어도 연어도 떠나간다
섬진강나루 봄 향기 가득 채우고

백담사

골이 깊어질수록
일주문이 눈썹에 걸린다

극락보전 부처님 우신다
그대 눈 속의 눈부처도
촛농 같은
뜨거운 눈물 흘리신다

한 단 한 단 쌓아올린 돌탑
무너진다 무너짐으로써
구원받는 길도 있을까

빗속으로 저녁 산이 다가와
젖은 손바닥으로
내 이마를 덮는다

봄바람이 불어

화개동천 사월은
시오리 인연의 길
만나는 얼굴마다 꽃과 같고
계곡 물소리는 봄을 열어
벚꽃 향기 풍겨내는
꽃망울이 하룻밤에
수만 송이 꽃으로 터지며
바람에 연한 꽃잎이
봄으로 머문 백년의 인연
나를 묶었나

참게장

바람은 차고 텅 빈 풍경
쌀쌀한 겨울날 아침
문득 기다려지는 맛이 올라왔다
등껍질 반짝이는 참게장
갓 지은 밥에 짭조름한 게 다리를
오독오독 씹어 몇 번을 핥는다
알곡이 여문 가을에 갓 잡아
조선장 옹기그릇에 게장을 담아
여러 날 깊게 밴 잊히지 않는 맛
집게발에 손가락 물려 자존심이 달아나게
외쳐대는 참게잡이 풍경
그 시절 시간들 거기 그대로 담겨있네

경전선 하동역

기차는 남도 끝을 달리며 느림을 노래한다
기적소리 길게 끌다가
섬진강 백사장 품에 안겨
철교를 건너는 바퀴소리 꼬리가 잘린다
“징허게 다와 부렀네”
귓가에 올라오는 쇠바퀴소리
오래된 박가분 향기 풍기는 역으로
벚꽃 열차 다가온다
장을 보고 돌아가는 사람들이 타고 내린다
봄 병아리 퍼덕거리는 사투리 떠들썩하고
장터주막 냄새가 나고
파장된 장터 떨이도 객차에 오른다
느릿느릿 기어가는 기적소리 가늘어져
시커먼 굴 어둠이 소란을 묻어버리는
시간을 건너
꽃잎 더 붉어지는 저녁이 찾아오고 있다

폐역

기적소리도
저 멀리 이사 가고 두리번거리다
멈춰버린 열차시간표
먼지 낀 창문 대합실에 혼자 남았네
막차도 오지 않는 싸늘한 철길가
봄볕이 따뜻해지면
누구를 위해 피었는지 봄꽃들 사이로
쭉 벋은 선로길 보며
벚꽃은 눈발처럼 흩어진다
완행열차 철길 따라
느릿느릿 가고파 산허리 휘감는다
철교 메아리는 그런 세월 가리우고
우뚝 선 고목나무가 굽어보는
그대로, 쓸쓸한 간이역 이제는
풍화되어 기능을 잃은 폐역이란다

무딤이 들판에서

봄바람도 잠시 머뭇거리는 시간
비가 내린 강가에
구름은 더디게 움직이고
꽃망울 맺힌 매화
잠이 덜 깬듯
평사리 멀리 최참판댁 기와지붕
휘감긴 잿빛구름 번지는데
긴 견딤을 비로소 이겨내는
『토지』의 마감처럼 질긴 뭇 생명들
파르라니 움트고 있더라

평사리 이야기

꽃 지고 열매 맺는 여름
형제봉 능선 아래 최참판댁 돌담 위로
발돋움하고 들여다보는 별당 뒤란
고풍 속으로 들어가면
안채에 윤씨 부인
한 땀 한 땀 놓은 수
단아함 변치 않듯
배롱나무 붉은 향기에 싸인 우물가
잠시 멈춰 물끄러미 보노라면
서희와 길상이 그랬듯이
젊은 연인 한 쌍 서로 샘물 떠주는 모습
가만히 볼 수 있다

동백

바다가 우는 이 섬에는
아무도 볼 수 없는 꽃이 있다
달빛 물든 섬
기다림에 지쳐 쌓아온 설움이
물방울로 파도치는 소리
오랜 세월 제 몸을 바치면서
매서운 바람 맞아가며
순종을 가르친 붉은 꽃
바윗돌에 떨어진 못다한 삶이 아쉬워
노을을 배웅하는 동박새
마지막 꽃잎으로 피는 불꽃을 보리라

산동처녀

봄볕이 상위마을에 쌓인다

햇살에 노란 꽃 필 때마다
한바탕 봄 웃음에 놀라
사방으로 흩어지는 향기들

점점이
환해만 가는 산동처녀와
달이 살찌는 날이면

붉은 산수유도
가슴 넉넉히 부풀어 부풀어
바람 불면 어쩌려고

제4부
무당개구리

해우소

백담사 극락보전
텅 빈 것 같되 꽉 찬 야광나무가
밤을 지키고 있다

거듭 몸살 앓으며
물소리 휘저어오는 적요

육중하던 짐 벗어던지고
나비처럼 날고 싶은 날

해우소 산중 냄새 한껏 맡으며
어리석음을 내려놓는 짧은 순간

똥을 풀어 허공으로 날려 보내고
변덕스런 마음 녹아내린다

쌍계사 금당

은행나무 아래 길을 걷다가
까마귀 소리에
가파른 108 계단
올려다본다

나이에 장식을
하나씩 달아가는 것은
삶과 죽음의 경계에서
죽을 때까지 시간을 견뎌야 한다는 것

속세와 인연의 일체 시간이
뒤도 돌아보지 않고
어디로 흘러가는지
이슬 얹힌 거미줄처럼 눈물이 걸려

석탑에 손을 얹고

광명으로 두루 비친 산사
가을볕에 타는 단풍잎 바람소리
눈이 부시다

감꼭지

바람에 흩어져 있는 감꼭지
절명한 생명 두 손에 쓸어 모아 하나둘
별처럼 내 마음에 들어왔다

그동안 숨어있던 마음의 보풀로
피어서는 안 될 감꽃
이미 형상도 없는 내생의 모순이
마중 나오는 소리가 들린다

소리 없는 세월은 그때처럼 흐르고
내가 받은 사랑은 자식이라는 눈물
가슴에 웅덩이 팬다

사랑도 얻기 전 배꼽만 떼고
나를 잃어버린 유년의 냄새가 묻어
나뒹구는 푸른 감꼭지

푸름도 가면서 남긴 늙은 모습
주화문 꽃무늬로 피었다가
탈색되어 말리어지고 있다

무당개구리

변기에 무당개구리 한 마리 빠져 있다

올라오지 못해 미끄러지고
또 미끄러지고
줄줄 미끄러지고

미끄러지려고 올라오고
올라오려고 미끄러지고

이승은 어딜 가나
냄새나고 미끄러운데

이 변기 속을 어떻게 빠져나가나?

바지를 올리다 말고
엉거주춤 서서

붉은 내 배를 내려다본다

이승

— 섬진강에서 익사한 12살 소녀를 애도하며

소나무 숲 걸쭉하니 깔린
넓은 강 모래밭에
이토록 많은 사람이 살아
죽도록 놀고 있다니

소통도 끊긴
염라대왕 왕방울 흔들리는 소리에
고통을 둘러메고

이 넓은 저승에
한 명 어린소녀만 살아오다니
살아보려고 허우적거리다
저문 것들 가득한 이승

하늘 밑을 서성이다
죽어서 살아보려고 저승에서 태어나

아득하여라
사는 날까지 살아보려고

인간에게

나의 오감은 산과 강
그리운 나무가 어우러진 숲길
해도 달도 아름답게 견디어내는
섬호정공원에서
흘러가는 강물 바라본다
홀로 선 미루나무 넘어질 듯 비바람에 맞고
때로는 가쁜 숨 고르며
휘파람새 온몸으로 신음하듯 견디어낸다
강 건너 산사에서 들려오는 목탁소리
물을 마셔도 물이 아닌 듯
허공에 걸린 그 소리 숨어 우는 뜻
사는 세월은 짧기만 한데
어찌하랴,
푸른 살이 돋아나기를 기다리며 사는 것이다

박경리 선생님

싱그러운 야생화처럼 살며
피보다 진한 동백꽃 피는
고향 먼 길인 줄 모르고
밤에는 책상 앞에서 홀로 불 환히 밝히고
펜대 하나로 역사를 풀어낸 선생님
겨레의 삶을 가꾸고 정신을 깨우고
원고지 활자가 튀어오를 때마다
흙을 일구며 살아온 세월
문학보다 자연의 황폐를 안타까워하시고
평사리 드넓은 대지의 품을
우리 모두에게 문학의 땅으로 안겨주시며
뒷세상 걱정하시던 박경리 선생님
어머니 문학 큰 울림으로
평사리 젖줄 섬진강은
그렇게 흐르고 있었습니다

진달래

피었습니다
가지마다 살이 여문 붉은 꽃이
올해도 어김없이 피었습니다

붉은 꽃잎 춤을 추리라
붉은 노을빛 따라 춤추리라

불면이 겹싸여
지리산 산협마다 포복하는 영혼
탄피같이 굳어진 눈시울

어느새 늙어버린 누님 같은 세월
봄이면 또다시 글썽이는 눈매

날갯죽지 펴지 못한 능선마다
어느 세월에 어혈 푼들 상처 아물겠는가

진달래 피던 날

쇠점터를 지나
하늘 아래 단천골 가는 산계곡길
반쯤 허물어진 무덤가
해마다 봄이면 불 같은 꽃 피어
산 아랫도리에서부터
눈감은 넋들로 핀 진달래
그 망연함에 똑똑한 사람들
혁명의 바퀴가 휩쓸지 않았더라면
녹슨 생명은 그날부터 되돌아가게 하고
그 꽃물결 홍건히 줄줄 흘러
취를 풀어내는 육자배기로 들리는데
지리산이 운다, 그것도 목이 쉬어
무더기로 목이 쉬어 들려온다

찔레꽃에 대하여

불꽃 속에 들어가는 꽃이 되어도
피 냄새 땀 냄새 시체 냄새 펄펄 나도
밥을 해야 하는 거야 가마솥에
소금 하고 참기름 섞어 막 주물러서
마지막 밥까지 찔레꽃 향기로 만들어내고
누울 때까지 스스로 만든 가시감옥
난리가 났을 때 피가 모자랐어요
끝내는 그 아리디 애린 것들이
좋은 얼굴 헐리고 낯빛은 시들어도
전부 줄을 섰어요 금방 피를 빼고도
그 애가 딱 총 맞아 죽어서
아침에 찔레꽃 놀빛으로 저물어간다고
울어도 돌아오지 않는 향기로
눈물은 또 그리움일 것인가
진초록 그늘빛 속에서 말하지 않아도
모르지 않는 그대 무릎을 꿇으며

보고만 있어도 허기지는 꽃
한 뙈장 듬성하게 핀 사연 많은 꽃이
진한 오뉴월 한번 돌아보라고
찔레꽃 향기에 울지 않고서
어찌 그대 가슴에 질 수 있으랴

어둠 속에 이무기

경부선 고속전철
비가 내리는 어둠 속 열차는 나를 본다
우리는 각기 다른 얼굴을 하고
외계에서 온 알고 모름의 차이로
자리를 이탈하지 않고
기다려왔다는 듯 내내 서로 응시하고 있다
자기 자리, 나를 찾는 작업보다
훨씬 고되고 힘든 밤
내 까만 겉모습에 흐르는 삶의 지표
왜 사는가, 순간의 불빛과
이만오천 볼트 에너지를 뿜어내며
싸늘한 빛 굉음의 흡입력으로 슈우욱
이무기꼬리처럼 터널 속을 지나간다

사라지는 풍경

바람이 불어온다
전봇대 끝에 쭈그려 앉은 까마귀도
가을을 바라보고 있을 때
읍내 큰길가 은행나무 굵은 가지들이
뭉텅뭉텅 잘려 나간다
은행나무 잎 바람에 날리는 넝마로
노란 비린내를 풍기며 사라진다
가을이 여물기 전에
가로수가 일제히 자동차 위로 쓰러진다
인부 여럿이 대들자
아름드리 밑둥치가 공중 부양하고
무심하게 전동 톱이 돌아간다
갑자기 텅하니 비어서
사라진 은행나무 가로수
지상에 드러난 나이테자국으로 바람을 맞이하니
가을도 사라진다

강정마을 낯선 풍경

파도가 철썩거리는
강정마을 방파제, 육중한 중장비가
움직일 때마다 바다는 숨이 가쁘다

해군기지 세우기 위해
아름다운 그 돌들이 구르고 부서져
구럼비는 조금씩 흔적도 없이 사라지고
콘크리트 구조물이 채워지고 있는데

전복 미역을 잡아 올리던
팔팔하던 지난 삶을 묻고 우두커니
고양이 어루만지며 늙어가는 해녀들

마을을 잃고 싶지 않고
바다를 잃고 싶지 않다고
이 따뜻한 모든 것을 죽여선 안 된다고 외치는,

공사장 흙먼지 사이로 이제는
뒤돌아볼 힘조차 없어 보이는
검은 비늘 같은 얼굴들

생명

— 로드킬

그믐밤 내려온 야행성 눈빛
국도19호선 섬진강변 지나고 있을 때
달려오는 질주의 본능
비수처럼 바람 속을 울부짖어
생명의 질서가 분해된다
자동차 붉은 전조등에 이승의 알몸들이
허공을 긁어대며 죽음으로 쫓겨나고
삶, 범 무늬 가죽이 찢어진 채
영혼이 나뒹굴 때 꿩, 토끼, 고양이, 오소리,
너구리, 두꺼비, 개구리, 고라니, 노루가
몸부림치고 헐떡이며 울부짖는다
찢긴 갈비뼈 사이로 송송 구멍을 내며
생명이 생명을 먹고 흐느끼는데
늙은 까마귀 어린벌레들을 헝겊처럼 털고 쪼아대며
슬픈 춤을 추고 있다
사사로운 존재들이 내는 생명의 소리

신음하는 도로 위, 당신은 지금
세상에서 가장 아름다운 길을 가고 있습니다

사는 것은

찾는 사람 없어 냇물소리도 가깝게 들린다
사립문 앞엔 새들만 가득하다
여기저기 허물없는 새소리 맞이하니
길 하나 만들어 소달구지 타고
배 하나 만들어 물위에 띄워놓고
산 넘어온 바람에 배를 밀듯
가물가물 노를 저어 가듯
나중에 오는 것은 새로운 것
달이 없는 밤 작은 불빛아래 책을 읽고
작은 방에 놀러온 별자리로 살다가
창문으로 다가오는 미래를 가만히 듣는다

해설

삶이라는 무게 혹은 형상

최영욱(시인)

"리얼리즘이 등장했을 때, 상상력은 사라지고 미(美)는 없다."고 평론가 윤재근 선생은 주장을 한 적이 있으나, 이내 이러한 주장을 있을 수 없다고도 말하였다. 그 이유는 예술은 그것들을 떠나 존재할 수 없다는 것이 그의 철회의 이유였다. 특히 미는 없어도 된다는 경향이 진실인 것처럼 생각되어 왔으나, 이는 터무니없는 망상 같은 말이라고 하면서 "미(美)는 삶과 짝하여 있다."라고 까지 하였는바, 시가 자신의 삶과 현실에 의존하여 쓰여 지지 않았다면 그 또한 작위적 예술일 터인데. 피폐하고 곤궁한 생활 속에서 피 올린 "고백" 같은 글들은 더러는 수긍과 질책이 따를 것이라서 조심스럽다. 시들이 운율을 잃고, 난해해지자 독자들이 떠나갔다. 미래파 이후 시는 난해해졌고, 운율을 잃은 산문시가 주류를 이루었고 평론가나 시인 독자들을 겨냥하여 쓰고 있다는 생각이 지나치다고 말할 수 없을 것이다.

최동옥의 시는 생활 속에서 쓰여 졌다. 가난에 대한 술회와 가난한 가장이 겪었던 가족사가 주를 이루는 작품들이라서 사뭇 고통스러운 읽기가 될 수도 있으나, 지구보다 소중한 딸과 그 딸을 낳고 같이 키워 대한민국을 대표하는 배구 선수로 만든 그의 아내가 이 시집의 주인공들임은 부인할 수 없다.

언제나 한결같은 당신 무슨 복을 타고 나서
내 가난한 염전 한켠에서 그물에 걸려든
꽃게처럼
빨간 다라이 먼 바다에 띄워놓고
푸르디푸른 시간을 까고 있을까

쓰라린 눈과 시큰한 마음, 물기서린 어깨
속눈물 삼키는 손끝에서

사각사각 쪼개지는 매실 낱알들
당신의 손 마디마디와 무릎관절과 조금씩 무너지는
마음까지도 얼마나 시게 타들어갔을까

빈 가슴 힘겹게 끌어안은 앉은뱅이 꽃처럼
꼼짝하지 않는 당신, 빚진 가난을 조각조각 내듯
매실을 쪼개는 빛 같은 손놀림에서
오늘도 꽃이 피고 있다
앉은뱅이 그 꽃

—「앉은뱅이 꽃」 전문

매화 지고, 벚꽃도 지면 하동 들녘은 온통 매실향에 휩싸인다. 그 매실은 약도 되고 음식도 되고, 돈도 된다. 알맞은 크기로 키운 매실은 동네 아낙들의 손에서 잘게잘게 쪼개져 절여지는데 절여져 밥상위에 오르기까지의 노동이, 수고로움이 위의 시에는 잘 녹아 있다. 시인의 아내는 매실을 쪼개는 손놀림이 단연 독보적인데 옆에서 보고 있노라면 탄성을 자아내는 솜씨다. 이 매실 쪼개기의 댓가가 킬로그램당 얼마인지는 잘 모르지만 이 안쓰러운 작업의 풍경이 "쓰라린 눈과 시큰한 마음, 물기서린 어깨/ 속눈물 삼키는 손끝에서

/ 사각사각 쪼개지는 매실 낱알들/ 당신의 손 마디마디와 무릎관절과 조금씩 무너지는/ 마음까지도 얼마나 시게 타들어갔을까"라고 읽어내는 시인의 마음도 젖어 있다. 종일 앉아서 하는 작업이지만 무릎이 쉬고 허리가 내려앉는 이 모습에서 "앉은뱅이꽃" 한 송이가 웃고 있는 것이다.

통증은 형상을 뚫고 생각들을 허물고
단단히 박혀서 누운 채로 선 나는
자다가 깨어나 내 허물에서
더 깊은 잠속으로 향할 건가 궁리하다
해탈로 내리꽂히는 빛의 고통으로
본능처럼 육신을 의심한다

모든 침묵을 깬 통증의 한 점을
결단하듯 숨기는
나는 환자이기에 완치를 거부하며
날마다 살아가고 있다

—「통증」 부분

시집 전편에 걸쳐 있는 화자의 고통을 압축한 작품을 꼽

으라면 단연 이 작품일 것 같다. "통증의 형상"은 실체고 현재진행형이다. 가난은 떨쳤으나 아픔은 아직 떨치지 못한 시인. 자신의 '아픔'을 길게 숨기고 모든 힘을 가족에게로 쏟은 시인. 시인만 아픈 게 아니라 시인의 시선이 닿는 곳, 닿는 것마다 안쓰러운 것들이 널려있다. 이는 태생적 연민일 터여서 고쳐질 수도 나무랄 수도 없는 것이라서 그저 "통증 한 점을 결단하듯 숨기"고 살아갈 수밖에 없을 것이다.

살과 피를 말려
메말라
바삭거리는
나뭇잎에
아스라이 피는 꽃

햇살에
부서지는
저
육각의 꽃

목숨 다할 때
아롱지는
저 눈물의 꽃

겨울이 오고 있다

—「서리꽃」 전문

겨울, 서리가 오면 찬바람 불고 이내 겨울이 온다. 시인의 겨울은 고되다. 그야말로 "호떡 굽는 남자"이기 때문이다. 국가대표이자 프로배구 선수인 딸을 두고도 그의 삶에 대한 태도는 변함이 없다. 그의 아내도 마찬가지라서 말릴 수 없는 것이다. 하여 대견스럽고 착해 보이기까지 하는 것이다. "아롱지는/ 저 눈물의 꽃"을 바라보면서 다가올 겨울을 나야만 했던 그의 신산했을 삶이 가끔은 울컥거려 더러는 술잔도 함께 들었던 것이다.

봄바람도 잠시 머뭇거리는 시간
비가 내린 강가에
구름은 더디게 움직이고
꽃망울 맺힌 매화

잠이 덜 깬듯
평사리 멀리 최참판댁 기와지붕
휘감긴 잿빛구름 번지는데
긴 견딤을 비로소 이겨내는
『토지』의 마감처럼 질긴 뭇 생명들
파르라니 움트고 있더라

—「무딤이 들판에서」 전문

83만 평, 이 들판이 있어 소설 『토지』의 주요배경지가 되었을 터, 무시로 섬진강 물이 넘나들어 붙은 이름이 '무딤이 들판' 또는 '평사리 들녘' 이다. 그 잦은 홍수는 둑이 만들어지면서 사라지고 이젠 물이 순해져 기름진 땅. 봄이면 매화, 자운영 그리고 구름꽃이 피는 동네. 구재봉과 형제봉이 마주서서 '무릉' 같은 곳을 만드는 그 곳에서 시인은 소설 『토지』의 질긴 생명들을 연민하는 것이다. 뭇 생명들에의 연민은 작가 박경리 선생의 말씀이기도 하여 시인은 "견딤을 비로소 이겨내는" 온갖 산 것들의 "파르라니 움트고" 있는 것에 주목하고 있는 것일 터이다.

불꽃 속에 들어가는 꽃이 되어도

피 냄새 땀 냄새 시체 냄새 펄펄 나도
밥을 해야 하는 거야 가마솥에
소금 하고 참기름 섞어 막 주물러서
마지막 밥까지 찔레꽃 향기로 만들어내고
누울 때까지 스스로 만든 가시감옥
난리가 났을 때 피가 모자랐어요
끝내는 그 아리디 애린 것들이
좋은 얼굴 헐리고 낯빛은 시들어도
전부 줄을 섰어요 금방 피를 빼고도
그 애가 딱 총 맞아 죽어서
아침에 찔레꽃 놀빛으로 저물어간다고
울어도 돌아오지 않는 향기로
눈물은 또 그리움일 것인가
진초록 그늘빛 속에서 말하지 않아도
모르지 않는 그대 무릎을 꿇으며
보고만 있어도 허기지는 꽃
한 뗏장 듬성하게 핀 사연 많은 꽃이
진한 오뉴월 한번 돌아보라고
찔레꽃 향기에 울지 않고서
어찌 그대 가슴에 질 수 있으랴

— 「찔레꽃에 대하여」 전문

평사리 문인집필실 담장에 하얗게 무리지어 피었다. 포연처럼 핀 찔레, 가시와 향은 차치하고라도 뭉게구름 같은, 화약연기 같은, 향을 타고 아픈 역사를 부르는데, 그만 시인은 소스라쳐 "딱 총 맞아 죽은" "애리디 애린" 것들이 찔레꽃 덤불에서 기어 나오는 꿈을 꾸는 것인데. 이렇듯 지리산은 아픈 산인데 하여 찔레는 그 향기로, 그 처연함으로 "그대 가슴으로" 무너지는데. 뒤로 앉은 지리산도 앞으로 흐르는 섬진강도 그 사연 다 알고 있을 터인데. 시인은 "울어도 돌아오지 않는 향기"를 그리워하며 아직도 상처 시퍼렇게 남아 있는 지리산을 아파하는 것일 터이다.

마을을 잃고 싶지 않고
바다를 잃고 싶지 않다고
이 따뜻한 모든 것을 죽여선 안 된다고 외치는,
공사장 흙먼지 사이로 이제는
뒤돌아볼 힘조차 없어 보이는
검은 비늘 같은 얼굴들

— 「강정마을 낯선 풍경」 부분

강정마을의 구럼비 폭파는 그야말로 '자연에 대한 학살'이었다. 차량과 인간으로 연결된 띠잇기로 그 발파를 막아보려 했지만 차량들은 견인되고 사람들은 끌려 나가는 사이, 구럼비는 없어지고 해군 제7 기동전단이 들어왔다. 지역민들과 뜻있는 문화예술계 인사는 물론 사회단체들까지 나서서 이를 저지하려 했으나 이제 남은 건 34억에 이르는 손배소만이다. 다행이도 이번 정부는 이를 적극적으로 해결하려 하는 모양새지만, 사라진 아름다운 자연환경은 되돌릴 수 없을 터이다. 하여 시인은 "마을을 잃고 바다를 잃은" 강정마을 사람들을 보며 "검은 비늘 같은 얼굴들"을 떠올리며 아파하는 것이다. 이는 시인의 삶과 무관하지 않을 것만 같아 더 아프게 읽히는 것이다.

찢긴 갈비뼈 사이로 송송 구멍을 내며
생명이 생명을 먹고 흐느끼는데
늙은 까마귀 어린벌레들을 헝겊처럼 털고 쪼아대며
슬픈 춤을 추고 있다
사사로운 존재들이 내는 생명의 소리
신음하는 도로 위, 당신은 지금

세상에서 가장 아름다운 길을 가고 있습니다

—「생명 - 로드 킬」 부분

남해 미조에서 강원도 횡성을 잇는 국도 19호 선은 하동에 이르러 섬진강을 왼쪽 옆구리에 두고 내내 오르는데. 이 길로는 봄도 오고, 봄 따라 사람들도 오르는데, 언제인가 왕복 4차선이 준공되자 그 빼어남을 잃고 길 위로 죽음들이 널리기 시작했다. 4차로 중앙분리대의 높이를 버거워한 고라니를 비롯한 산짐승, 들짐승들이 그러했다. 한때 "세상에서 가장 아름다운 길"로 불렸던 그 길의 현재진행형이다. "찢긴 갈비뼈 사이로 숭숭 구멍을 내"는 까치나 까마귀는 "생명이 생명을 먹고" "슬픈 춤을 추고" 있는데 그러다가 그 그물에 발이 걸려 더 이상 날지 못할 때, 그들 또한 "로드 킬"하는 것이라서 "사사로운 존재들이 내는 생명의 소리"와 이 아름다운 길 위에 낭자한 "신음"소리가 서로 스치며 합하는 것일 터. 삶과 죽음이 늘 공존하는 길에서의 아픔이 빛나는 작품이다.

시인의 신산했던 삶도 이제는 평온을 찾아 남의 삶을 챙기는 나이, 그리하여 시인도 자연도 아름답게 빛나는 것이리라 믿는다. 진솔한 삶의 진정성 하나만으로 묶여진 시집

이지만 그에 묻어나는 따뜻함이 가족을 보듬고, 이웃을 보듬기에 차고도 넘쳐 좋았다. 시인의 또 다른 도약을 기대해 본다.